Vive la Bologne MESSIEURS !

REVUE

DE

1888-89

ASSOCIATION GÉNÉRALE DES ÉTUDIANTS

41, RUE DES ÉCOLES, 41

PARIS

COUPLETS

TIRÉS DE

« VIVE LA BOLOGNE MESSIEURS ! »

COUPLETS

TIRÉS DE

« VIVE LA BOLOGNE

MESSIEURS! »

REVUE DE 1888-1889

PAR

MM. MICHEL CARRÉ, COLIAS ET H. BOURRELIER

REPRÉSENTÉE

sur le Théâtre du Paradis-Latin

LE MARDI 12 FÉVRIER 1889

ASSOCIATION GÉNÉRALE DES ÉTUDIANTS

41, RUE DES ÉCOLES, 41

PARIS

COUPLETS D'ÉMILE ZOLA

AIR : *Le p'tit Chasseur à pied.*

Chanté par M. RABLET.

J'ai fait un' *Pag' d'amour*
Et l'*Abbé Mouret* pour
Gagner beaucoup d'galette!...
J'trouv' pas ça bête!
J'ai fait *Nana*,
Car d'la verve on en a
Quand on s'appelle Émile Zola!...
Zim!

Puis j'ai fait *Germinal!*
On a dit dans l'journal
Qu'j'étais un animal!
J'n'y vois pas d'mal,
Ça m'est égal!
J'trouve mêm' ça très normal.
Je tire à cent mille et c'est l'principal!

J'ai fait un' *Pag' d'amour*
Et l'*Abbé Mouret* pour
Etc., etc.
Zim!

J'ai fait *Thérès' Raquin*,
C'était un bon bouquin!
Mais le public mesquin,
Toujours taquin,
N'en ach'ta qu'in!
J'fis la *Terr'*, cré coquin!
Alors on a bien vu qu'j'étais quelqu'in.

J'ai fait un' *Pag' d'amour*
Et l'*Abbé Mouret* pour
Etc., etc.
Zim!

Au théâtr' je suis nul,
On n'gob' pas mes pilul'.
Mais l'public si crédul'
Trouv' ridicul'
Que je cumul'.
L'directeur que j'canul'
Me reçoit avec des coups d'pied dans l'cul.

J'ai fait un' *Pag' d'Amour*
Et l'*Abbé Mouret* pour
Gagner beaucoup d'galette!
J'trouv' pas ça bête!
J'ai fait *Nana*,
Car d'la verve on en a
Quand on s'appelle Émile Zola!

AUX ÉTRANGERS

Chanté par Mlle Félicia Mallet.

Salut à vous qui m'êtes inconnus.
Ne croyez pas à mon indifférence,
Je vous reçois, c'est au nom de la France
Que je vous dis : Soyez les bienvenus!
Dans ce Paris, dans l'ardente fournaise
Entrez joyeux, chantez, unissez-vous,
Et dès demain, vous direz avec nous
Les gais refrains de la chanson française!
Vous connaîtrez ce grand et beau Paris,
On vous dira jusqu'au bout son histoire,
Vous apprendrez ses revers et sa gloire
Et songerez... quand vous aurez appris!
Et dans l'hiver, par le froid et la neige,
Vous coudoierez, hélas! sur le chemin
La pauvreté qui vous tendra la main,
Secourez-la! Dieu veut qu'on la protège!
Le soir venu, vous trouverez toujours,
Pour contenter un plus intime rêve,
Vous trouverez d'aimables filles d'Ève,
Car Paris, c'est la ville des amours!
Il faut qu'aussi chacun de vous connaisse,
Avant d'atteindre un rivage lointain,
Un lieu charmant : le gai pays latin,

Ardent foyer de la folle jeunesse !
Et quand plus tard vous serez loin de nous,
Quand vous aurez regagné la patrie,
Tournez les yeux vers la France chérie
Et, s'il se peut, amis, souvenez-vous !
Et si jamais un ennemi superbe
Foulait ce sol, votre doux souvenir ;
Accourez tous, venez nous soutenir
Et courbons-le, comme on couche un brin d'herbe !

Salut à vous qui m'êtes inconnus.
Ne croyez pas à mon indifférence,
Je vous reçois, c'est au nom de la France
Que je vous dis : Soyez les bienvenus !

LA TOURNURE

AIR : *C'est un rien* (Rip).

Chanté par Mlle BERTY.

Ainsi qu'un nuage
Dans un ciel d'orage
Dérobe à nos yeux
L'astre clair et mystérieux,
Ainsi sur la terre
J'cache avec mystère
Un astre bien plus beau
Qu'celui d'en haut.
Je parcours le monde,
D'la brune à la blonde,
J'suis le soutien
D'la rob' qui trottine.....

C'est un rien,
Un souffle, un rien!...
Un fil de laiton couvert de gaze fine!
C'est un rien,
Un souffle, un rien,
Un p'tit coussinet rembourré de crin!

A TOI, LOZÉ!

CEINTURE DE CHASTETÉ POUR CHIENNES

AIR : *L'œil crevé.*

Chanté par M. TARRIDE.

I

Sur l'boul'vard des Italiens,
Aussi bien que dans toutes les rues,
J'voyais toujours un tas d'chiens
Faire un tas de choses incongrues!
Ces choses-là,
Nom de d'là,
Ça n'doit pas se fair' devant le monde!
Et voilà
Pourquoi j'gronde!
Et mets leur derrièr' dans ce p'tit machin-là!

II

Les chiennes, je le sais bien,
S'ront gênées avec cet ustensile,
Mais au moins, comm' ça chaqu' chien,
F'ra sa p'tite affaire à domicile !
Faut savoir
Fair' son d'voir !
Quand on est le préfet de police,
Et voilà
Pourquoi j'glisse !
Le derrièr' des chienn's dans ce p'tit machin-là !

LA PUDEUR

AIR : *La Mascotte*.

I

Je n'peux pas voir un' femm' nue,
Je trouv' que c'est indécent!
C'est ma femm' que j'ai r'connue
Dans un journal, c'est vexant!
Puisqu'ainsi l'on déshabille
Tout's les femm's, j'fais un procès
A l'inventeur d'la pastille
Qui patronn' l'*Courrier français!*
Oui, messieurs, j'suis obligé
D'condamner le fameux Gé...
...raudel! *(bis)*

Où y a Ferrouillat
Y n'y a
Rien, rien à faire *(bis)*.
Y n'y a rien à faire où y a
Faire où y a Ferrouillat.

II

Et puis, c'est pas la coutume
De s'prom'ner nu comme un ver!
Mettez n'import' quel costume,
Pourvu qu'vous soyez couvert!
D'ailleurs, il faut si peu d'chose
Aux femm's pour s'faire un vêtement,
Il suffit d'un' feuille de rose
Que l'on place adroitement!
Mais mettre des femm's nues partout,
On n'l'a fait qu'pour plaire à Bou...
langer! *(bis)*

Où y a Ferrouillat
Y n'y a
Rien, rien à faire *(bis)*.
Y n'y a rien à faire où y a
Faire où y a Ferrouillat.

LES PETITES CHIETTES

AIR : *La terre* (de Jouy).

Chanté par Mlle FÉLICIA MALLET.

Voyez-vous, j'aim' plus que tout
Les p'tites chiettes!
Car bien que ce n'soit qu'un trou
Qu'les p'tites chiettes,
Le point d'vue est fort joli
Aux p'tites chiettes,
Et d'parfums l'air est rempli
Aux p'tites chiettes!

Nous vivons si tranquill'ment
Aux p'tites chiettes!
Y a jamais d'bruit sans fond'ment
Aux p'tites chiettes!
Tout l'monde a l'air satisfait
Aux p'tites chiettes,
Car nul ne vient voir c'qu'on fait
Aux p'tites chiettes.

Les paysans vivent en paix
Aux p'tites chiettes!
Et l'travail ne chôm' jamais
Aux p'tites chiettes!

On n'fait pas qu'lire les journaux
Aux p'tites chiettes,
Car on cultiv' les pruneaux
Aux p'tites chiettes!

Les fill's n'ont pas d'amoureux
Aux p'tites chiettes!
Car on va rar'ment à deux
Aux p'tites chiettes.
Y n'se pass' donc rien d'vilain
Aux p'tites chiettes,
Quand la lune est dans son plein
Aux p'tites chiettes.

Bref, rendez-moi, j's'rai content
Mes p'tites chiettes.
Rien n'peut porter bonheur tant
Qu'les p'tites chiettes!
Je m'suis vu naître et grandir
Aux p'tites chiettes,
Et j'aurais voulu mourir
Aux p'tites chiettes!

LES CONSEILS

AIR : *M'a dit maman.*

Chanté par MM. BERR et TARRIDE.

I

Vous allez faire un grand voyage
A dit maman,
En montant dans l'train, j'vous engage,
A dit maman,
Si vot' voisin a mauvaise mine,
A dit maman,
A l'tuer, d'peur qu'il n'vous assassine,
A dit maman.

II

Quand vous serez dans la grand' ville,
A dit maman,
Faudra choisir un domicile,
A dit maman.
Commencez par l'avenu' des Ternes,
A dit maman,
Et déménagez à chaqu' terme,
A dit maman.

III

Si vous voulez fair' d'la peinture,
A dit maman,
Faut pas imiter la nature,
A dit maman.
Si vous suivez bien cet avis,
A dit maman,
Vous s'rez gobé de M'sieur Puvis,
A dit maman.

IV

Pour qu'vous soyez joué sur un' scène
A dit maman,
Faut fabriquer une pièce obscène,
A dit maman.
Si vous voulez pas qu'vot' nom s'perde,
A dit maman,
Faut y fourrer quinze fois le mot : *zut!*
A dit maman.

V

Si vous faites d'la musique sérieuse,
A dit maman,
Évitez qu'ell' soit harmonieuse,
A dit maman.

Pour que l'public, il la trouv' bonne,
A dit maman,
N'faut qu'd'la gross' caiss' et du trombonne,
A dit maman.

VI

Mais si — par un triste hasard-e,
A dit maman,
Vous étiez ouvrier quéqu' part-e,
A dit maman;
Alors, mes chers enfants, mon rêve,
A dit maman,
Ça s'rait d'vous voir vous mettre en grève,
A dit maman.

VII

Si vous voulez la dictature,
A dit maman,
Plongez vot' barb' dans d'la teinture,
A dit maman.
Arrangez-vous pour qu'ell' d'vienn' blonde,
A dit maman,
Et fréquentez beaucoup d'sal' monde,
A dit maman.

PRIX DE BEAUTÉ

Chanté par M. CARRÉ.

Donner un prix à la beauté
C'est donner encor' trop peu d'chose!
Mais choisir, c'est en vérité,
Moins facile qu'on ne suppose!
Car si l'on cherchait dans Paris
La plus belle de nos citoyennes,
J'crois qu'il faudrait donner le prix } *bis*
A toutes les Parisiennes! }

AU BOIS DE MEUDON

AIR : *On a l'âge.*

Chanté par Mlle DUHAMEL.

I

C'était si gentil les dimanches !
Tous les deux, la main dans la main,
Nous nous en allions sous les branches
Par un mystérieux chemin.
Nos propos ? Je n'en dirai rien !
Mais cela... se devine bien !
Nous faisions rougir la colombe,
Rire les chênes vermoulus !
Le bois est noir, la feuille tombe
Depuis que l'amour n'y vient plus.

II

Sous un arbre, à l'ombre, sur l'herbe,
Les ruisseaux disant leur chanson,
On faisait un dîner superbe
De pain frais et de saucisson.
Le dessert?... Je n'en dirai rien!
Mais chacun... le devine bien!
De ce bois, plein de doux mystère,
La gaieté s'enfuit à son tour!
Et les oiseaux n'y chantent guère
Depuis qu'on n'y voit plus l'amour.

LE FEU DE BOIS

AIR : *Cendrillon.*

Au temps jadis la grisette,
Auprès du foyer riant,
Appuyait sa blonde tête
Au bras d'un étudiant,
Et mon feu clair était brillant,
Lorsque leur cœur était en fête!
Et près de ma flamme le soir
Je voyais l'aïeule s'asseoir!
Les enfants venaient doucement
Aux côtés de leur grand'maman,
Et c'était un tableau charmant.

II

Puis, dans le mois de décembre,
La neige tombant du ciel,
On allumait dans la chambre
Une bûche de Noël!
Instant bien doux et solennel,
Alors ma flamme
Avait une âme!

Les enfants dansaient en criant,
Autour de l'arbre verdoyant!
La neige tournoyant dans l'air,
Mais devant le foyer si clair
On ne songeait plus à l'hiver!

III

Souvent, pendant la veillée,
Grand-père disait tout bas,
A tous, paupière mouillée,
Le récit de ses combats!
Et les marmots ne dormaient pas,
L'écoutant l'âme émerveillée!
Puis avant de se retirer
On les voyait tous se serrer!
Et chacun faisant un doux vœu,
Chaque soir répétait à Dieu:
Protégez le bon coin du feu!...

IV

Maintenant ma barbe est grise,
De moi l'on se souvient peu,
On me fuit, on me méprise,
Moi le pauvre bon vieux feu!...
Triste et mourant j'erre en tout lieu!

Ce n'est plus moi que l'on attise
Ce sont eux qui m'ont remplacé !
Hélas ! mon beau temps est passé !
Non, ce n est plus comme autrefois,
Car bien peu savent, je le vois,
Ce qu'était le bon feu de bois !

LES MONTAGNES RUSSES

AIR : *Faut pas tenter l'papillon.*

Chanté par Mlle FÉLICIA MALLET.

I

Par le ch'min d'fer de ceinture,
On n'ira plus très souvent,
Car cett' petite voiture,
Vole, vole comme le vent !
Il y a là des scèn's intimes,
Comme on n'en a jamais vu.
Ça n'coût' que cinquant' centimes
Et c'est rempli d'imprévu !
On attrape quelques puces,
On reçoit plus d'un gnon !
Voilà c'que c'est qu'les Mon
Tagnes russes !

II

Dans les cahots d'la descente
On serr' sa voisin' de près!
Il faut bien qu'elle y consente
Puisqu'on n'l'fait pas exprès!
On lui dit des choses très douces,
Elle y répond sans dur'té!
Quéqu'fois, y a encore des s'cousses
Quand l'wagon est arrêté!
On a tout's les astuces,
C'est pas cher... et c'est bon!...
Aussi tout l'mond' court aux Mon
Tagnes russes!

COUPLETS DE SIVESSE

AIR : *Deux Gendarmes.*

Chanté par M. RABLET.

I

J'avais mangé comm' d'habitude
Quelques haricots de Soissons!
Quand, dans mon cabinet d'étude,
Je fis entendre un léger son.
L'directeur m'dit alors : Sivesse,
Certain'ment vous vous êtes trompé?
Oui, monsieur, lui dis-je, j'le confesse;
Excusez, ça m'a z'échappé!

II

Le lend'main, c'fut une imprudence,
J'sortis avec lui, sans façon,
Lorsqu'au coin de la ru' d'Provence
Je fis entendre un léger son.
L'directeur, le rouge à la joue,
M'dit : Sivesse, ça va t'y finir?
Ah! monsieur, lui dis-je, je l'avoue,
Celui-là, j'ai pas pu l'ret'nir!

III

L'troisième jour, voyez ma déveine,
J'allai le voir dans sa maison,
Soudain, j'venais d'entrer à peine,
Je fis entendre un léger son!
Sacrebleu! me dit-il, j'exige
Des excus's, c'est la troisièm' fois!
J'n'en ai fait qu'un, lui répondis-je,
Je pouvais en fair' deux ou trois!

IV

Le lend'main, nouvelle infortune,
L'directeur dit, faut un' leçon :
Sivess', quittons-nous sans rancune!
Je fis entendre un léger son!
Nom de Dieu! dit-il en colère,
Sortez! — J'réponds avec toupet :
Au *Gil Blas* j'n'ai plus rien à faire,
Puisqu'on n'y peut parler en paix!...

A LA LIGUE ANTI-FORAINE

AIR : *Venez! venez! c'est admirable* (MOGOL).

Chanté par M. TARRIDE.

I

Nous, pas Français! ose le dire!
Moi, Paillasse! lui, Gringalet!
Nous, pas Français, ah! tu veux rire!
Regarde-nous donc, s'il te plaît!
Vois donc ce nez qui se redresse,
Ce franc rire aux bruyants accès!
Vois mon esprit et notre adresse
Et répèt' : Vous n'êtes pas Français!

Et tu veux qu'on nous chasse!
Allons donc! fais place
A l'ami Paillasse. } *bis*

II

Nous, pas Français, quelle folie !
La gaieté n'a donc plus de prix !
Se peut-il qu'ainsi l'on oublie
Les plus vieux enfants de Paris !
Allons, mon jeune camarade
Laisse-nous vivre sous ton toit,
Te souvenant qu'à ma parade
Tes aïeux riaient avant toi.

(*Au refrain.*)

LE NU

AIR : *Un antique et fort vieil adage* (MOGOL).

Chanté par M. RABLET.

I

Jadis, Vénus, sortant de l'onde,
Radieuse en sa nudité,
Était triomphante, et le monde
S'inclinait devant sa beauté.
Mais aujourd'hui partout on blâme
L'impudeur de l'antiquité,
Et l'on met un voile à la femme,
A Vénus, à la vérité!

De ta robe étoffée
Si tu daignais surgir,
Qui de nous, ô ma fée,
Oserait en rougir? } *bis*

II

O Rabelais! O notre maître!
Gai poète à l'esprit gaulois,
Viens à nous, daigne ici paraître,
Sois juge et dicte-nous tes lois.
Devant cette forme parfaite
De la femme au corps merveilleux,
Dis-nous, enfin, si Dieu l'a faite
Pour qu'on la cache à tous les yeux.

(*Au refrain.*)

LES ÉLÈVES DU CONSERVATOIRE

Air : *Leçon de chant* (Petit Duc).

CHŒUR

Nous venons tous travailler la déclamation
Et dans c't'intention
Nous suivons les class's du Conservatoire,
Nous apprenons *Tartuff'*, *le Cid*, *Horace* et *Cinna*.
Dans not' mémoire
Nous fourrons du Racin', du Corneill', du Molièr', tant [qu'y en a.
Nous gesticulons,
Marchons et parlons,
Disant d'bell' tirad's, roulant des yeux en boule,
Et l'on vient en foule
Nous entendre crier
Dans le p'tit guignol de monsieur Bodinier,
De m'sieur Bodinier.

LE SONGE D'ATHALIE

AIR : *La Boiteuse.*

Chanté par M. TARRIDE.

C'était pendant l'horreur d'un' nuit,
Le jour n'avait pas encore lui,
Ma mèr' Jésabel s'est montrée
Devant moi pompeus'ment parée :
Trembl', m'a-t-ell' dit, fill' dign' de moi,
Le dieu des Juifs l'emporte sur toi!
Son ombre a paru se baisser,
Alors j'ai voulu l'embrasser!
Mais j'n'ai trouvé qu'un horrible mélange
D'os et d'chairs meurtris traînés dans la fange,
De sal' lambeaux et des membres affreux
Qu'des chiens dévorants se disputaient entre eux.
Cristi! j'en veux mordre un p'tit bout!
Hou! hou! (*ter*)
Non, j'suis très gourmand j'mang'rai tout.
Je n'veux qu'le p'tit doigt, nom d'un chien!
Non, t'aura rien!
Houah!

COUPLETS DU DANTE

Air : *La Corde sensible.*

Chanté par M. Laugier.

D'un monde austère
Je viens sur terre
Dans ce divin et superbe Paris,
Ville de joie
Où l'art flamboie
Et qu'on dirait la cité des esprits.

J'y vins jadis exilé de Florence
Où les méchants gouvernaient par le fer,
De ma pensée avait fui l'espérance
Et je marchais dans la nuit de l'Enfer.

Ta bonne joie, ô ville évocatrice,
Chassa bientôt les souvenirs maudits !
Je vis passer l'ombre de Béatrice
Qui m'entraîna vers le bleu Paradis.

Quand je revins dans ma vieille Toscane,
Quand je foulai, joyeux, le sol natal,
Je n'étais plus le cruel qui ricane
Un rire amer et strident et brutal.

J'étais guéri des haines vigoureuses,
J'ouvrais mon âme aux splendeurs de l'espoir;
Je souriais aux belles amoureuses
Qui s'en allaient dans la pâleur du soir.

Longtemps après, quand ma chère patrie,
Soumise au joug par un rude oppresseur,
Mourait des coups dont elle était meurtrie,
La France vint comme une grande sœur.

Et la vigueur de son mâle courage,
Joyeux et fier, stoïque et surhumain,
Fit refleurir, après un long servage,
La liberté sur le vieux sol romain.

Libre à jamais des anciennes tempêtes,
Mon pays vit sous un ciel enchanté.
Quand il vous prie à ses nouvelles fêtes,
Vous arrivez avec votre gaieté!

Et c'est au nom de sa jeunesse ardente
Qui voit sans peur l'avenir éclairci,
Que moi, l'antique et le farouche Dante,
Je viens à vous et je vous dis : merci.

Gais travailleurs toujours à la besogne,
Levez le front, clair est votre chemin,
Car aujourd'hui de Paris à Bologne
On se sourit et l'on se tend la main.

Étudiants de la ville sereine,
Que votre rire ardent prenne l'essor;
Que la gaieté des aïeux vous entraîne.
Puisez toujours à ce divin trésor.

Semez les fleurs de la gaieté féconde
Et semez l'or du rire souverain
Parmi les champs dévastés du vieux monde,
Comme un semeur qui sème le bon grain.

D'un monde austère, etc.

478. — Paris. Typographie Gaston Née, 1, rue Cassette.

sieurs!
REVUE

www.ingramcontent.com/pod-product-compliance
Ingram Content Group UK Ltd.
Pitfield, Milton Keynes, MK11 3LW, UK
UKHW020946220726
13924UKWH00002B/517